LA
LIBERTÉ!

PAR

GEORGES DEVILLE

PARIS

E. LACHAUD, LIBRAIRE-ÉDITEUR

4, PLACE DU THÉATRE-FRANÇAIS, 4

—

1870

LA

LIBERTÉ

Si la liberté de la presse a fait éclore bien
d'amères paroles, elle aura aussi provoqué des
paroles de juste satisfaction pour l'initiative
impériale.

A l'approche de cette libérale concession, qu'ont
fait ceux qui la réclamaient le plus instamment?

Sous l'influence d'une subite agitation, résultat
de l'apparition spontanée du libéralisme, ils l'ont
en quelque sorte étouffé sans même reconnaître
ce qu'il apportait d'adoucissements à leur soif de
libertés.

D'autres, et ce sont les plus nombreux, ont
abordé plus habilement au port des libertés nou-
velles; ils ont accueilli cet hôte du domaine public avec reconnaissance, mais avec une extrême
réserve, comprenant bien qu'il leur fallait l'étudier
et s'abstenir de jouir trop précipitamment des
récents priviléges; ils se sont instruits aux
dépens des autres.

Pour avoir su résister au premier abord à ces attraits séducteurs, ils ont pu profiter de l'égarement de ceux que leur fougue a précipités dans les mains de la liberté sans leur laisser même le temps d'apprendre à la connaître.

On ne se familiarise pas aussi vite avec la liberté !

Il faut des exemples pour guides à cette phalange réfléchie de la société ; et ces exemples, ce sont les trop zélés qui les leur ont donnés.

En prévision des abus, il fallait une arme au gouvernement, et cette arme il se l'est prudemment réservée, résolu à s'en servir, le jour où l'on tenterait de franchir les limites de l'ordre et de la morale.

La nation naturalisera cette juste précaution, elle reconnaîtra les efforts tentés dans l'intérêt du pays, et le gouvernement pourra marcher d'un pas ferme et résolu, jetant sur son passage des preuves irrécusables de son libéralisme.

Nous expliquons-nous maintenant les incertitudes d'un pouvoir, frère de l'ordre et du bien-être de la France? Oui ; non-seulement nous les comprenons, mais encore elles reçoivent aujourd'hui l'approbation générale.

L'autorité a voulu s'assurer si le pays ne souffrirait pas de ces réformes, et de là cette inévitable hésitation que nécessitait l'examen d'un problème si difficile et si scabreux à résoudre !

La liberté n'est pas un vain mot ! Elle est la perte ou le bonheur d'une nation.

En use-t-elle, c'est la source de la prospérité.

En abuser, c'est méconnaître le principe fondamental de la liberté, qui ne peut vivre que dans un état tranquille et prospère, et non déchiré par la guerre civile.

A quoi ont abouti les réunions publiques, dont l'autorisation fut motivée par les tendances populaires ?

Qu'ont fait leurs plus chauds partisans ?

Que conclure de ce tumulte, de ces vociférations ?

Voilà ce que se demande la majeure partie du pays.

La population parisienne a fait preuve d'inexpérience en démontrant clairement, par ses significatives manifestations, que la liberté était chose trop nouvelle pour qu'il en fût autrement.

Ces cris, ces démonstrations, prouvent nettement qu'elle a dénaturé son vrai caractère en la traitant en enfant, et non comme un élément de félicité.

Au lieu d'encourager la voix de chaque parti à en profiter, la foule a juré d'éteindre par le tapage les paroles des divers orateurs qui cherchent vainement à se faire entendre.

La liberté ainsi incomprise n'a-t-elle pas pleinement validé les hésitations du pouvoir ? Elle a prouvé au chef de l'État que les intérêts de la

France réclament des libertés, mais des libertés successives et doucement accordées.

La nation parviendra ainsi sans secousses et sans dangers au but qu'elle ne peut atteindre qu'avec ménagement ; elle y arrivera avec les années ; mais qu'elle facilite au moins par ses attitudes libérales et rassurantes la tâche et la sollicitude du souverain.

Des troubles qui se sont produits à l'issue des élections, s'est détachée la pensée nationale ; en taxant de ridicule ce simulacre de révolution, elle a prouvé ses tendances toutes pacifiques.

Quoique cela, il n'en faut pas davantage pour susciter les désordres les plus regrettables, mais heureusement le calme n'a cessé de régner un seul instant, et tout s'est borné à une simple démonstration inoffensive et sans couleur ; la force armée s'est présentée toutefois pour parer à la moindre tentative de désordre ; prudente, mais inutile précaution.

La foule compacte semblait joyeuse d'assister au grotesque spectacle de cette bande de poltrons qui se contentaient de casser les carreaux et de s'enfuir à toutes jambes devant les rires de la populace et les allures énergiques de l'autorité.

Au lendemain de ces évolutions passagères, l'Empereur, en parcourant la capitale, reçut du public la plus chaleureuse des ovations ; jamais il ne recueillit plus de marques d'enthousiasme et de sympathie.

Les cris de *vive l'Empereur!* qui pleuvaient de toutes parts, témoignèrent hautement de la volonté nationale ; c'était là une réprobation générale adressée aux émeutiers de la veille.

L'aversion de la population pour ces sortes d'infractions à l'ordre, seule et indispensable garantie de toute prospérité, n'est-ce pas le pronostic d'un avenir exempt de ces noirs événements que l'histoire n'enregistre dans ses annales que profondément affligée?

Le discours prononcé à la réouverture de la session législative a donc dépeint l'opinion publique en deux mots :

La Liberté avec l'Ordre !

Jamais les sentiments du pays ne furent mieux caractérisés et plus brièvement exprimés ; aussi ces deux mots ont-ils soulevé de frénétiques applaudissements.

Si, suivant pas à pas le discours impérial, nous songeons au malaise qui semble régner au sein du commerce et de l'industrie, nous sommes amenés à constater qu'en dehors de ses causes secondaires il en est une qui ne manque pas d'encourager la résistance que le mal paraît opposer à tous les remèdes employés pour le conjurer.

Je veux parler de ces lectures perturbatrices qui ne sèment que l'oisiveté et la discorde.

Ce dégoût du travail, joint à cette révolution intérieure suscitée par de folles idées d'indépendance et de haine pour la réalité, affadissent le cœur de l'ouvrier et le découragent.

Sous de tels auspices l'ouvrier doit nécessairement communiquer les turpitudes qui l'agitent à ses travaux de chaque jour par sa négligence et sa mollesse, et, comme une brebis malade suffit à corrompre tout un frais troupeau, la contagion se répand sans épargner même les plus robustes.

Si le jugement populaire était toujours assez sain pour pouvoir discerner le vrai du faux, le bien du mal, les sages inspirations du bon sens ne puiseraient, au contraire, dans ces perfides enseignements, qu'un surcroît de répulsion pour ces exhortations, aussi funestes que préjudiciables aux nations.

Devant les généreuses tentatives gouvernementales, le jour se fera dans l'esprit de tous, et l'un des plus puissants mobiles de la crise commerciale aura disparu. Alors la classe ouvrière redeviendra confiante dans les réels avantages d'un labeur énergiquement accompli, et, s'adonnant au travail avec une nouvelle ardeur, elle aura rendu à l'âme du commerce toute sa vigueur et sa force.

L'intéressante population ne cesse d'être l'objet de la préoccupation administrative; l'Empereur l'a bien prouvé en faisant distribuer plusieurs millions pour encourager l'érection d'immeubles salubres et peu dispendieux à la portée de l'ouvrier. Avec les perfectionnements progressifs de l'instruction nous sommes en droit d'espérer l'éclair-

cissement de tous les esprits sur leurs véritables intérêts. L'ignorance tend à s'effacer de jour en jour, et dans un avenir prochain elle aura laissé le champ libre à l'instructive propagation de l'enseignement, si nécessaire à la prospérité des nations, puisqu'il dote l'ignorant de ce souverain jugement qui le met à même d'estimer à leur juste valeur les diverses nuances d'opinions de l'humanité.

Qu'il me soit permis maintenant de rappeler à ceux qui auraient pu l'oublier, ce que valent les révolutions.

Sourd à la raison, ivre de jalousie, l'on détruit les instruments de travail qui vous assurent le pain quotidien, et l'on fomente le tourbillon populaire que rien ne doit faire reculer.

Pour s'affranchir du joug de la pauvreté qui s'oppose à des rêves d'oisiveté et de débauche, le malheureux s'abaisse jusqu'à la barbarie, et, donnant à ses actes le prétexte de libertés par trop restrictives, il sape sans frémir la base de l'édifice social sur lequel reposent la grandeur et la félicité d'un peuple. Que l'on dresse l'échafaud, l'opulence et les dignités y monteront les premières, et la masse insensée de se disputer le butin de ses innocentes victimes, après les avoir vu expier sur le fatal instrument le crime d'avoir reçu du hasard ou de leur mérite ce qu'il veut conquérir par le despotisme.

A mort ! s'écrie-t-on ; c'est l'heure des terribles expiations qui va sonner.

Les tortures d'une mort imméritée ne suffiront bientôt plus à ces insatiables bourreaux ; il faudra joindre à leur colère un odieux raffinement de cruauté !

Les femmes et les enfants devront assister au supplice de leurs maris, de leurs pères !

Que de lâchetés ! que d'horreurs !

Les rebelles foulent aux pieds ce sang pur qui rougit le sol, et quand l'échafaud se refuse à l'œuvre destructrice : Vite un autre bûcher ! hurle la foule avide de carnage.

A ces monstruosités succède, hélas ! le deuil immense de la société. Qu'a-t-elle donc gagné à ces hécatombes, à ces édifices en destruction, à ces terribles manœuvres, causes de tant de larmes !

Elle devra supporter le lourd fardeau des exactions en soldant de ses libertés l'abus qu'en firent ces forcenés, et pour panser cette plaie béante et profonde, à quoi sera réduit tout pouvoir patriotique ? à l'accroissement des impôts et non des libertés !

N'avons-nous pas assez souffert de l'affreux déchaînement de cette passion insensée qui, lasse de sentir la main protectrice du pouvoir, arbore sur son drapeau ensanglanté un faux nom de liberté !

Telles sont les déplorables conséquences de toute révolution ; il nous suffit de jeter un regard rétrospectif vers le passé pour nous en convaincre.

Arrière donc, ceux qui rêveraient révolution !

Arrière, ceux qui voudraient nous y conduire !

Vouons-nous tous au culte qui peut, pour toujours, nous en éloigner : l'amour de la patrie,
l'amour de tout ce qui est beau, de tout ce qui est
juste.

Mais, Dieu soit loué ! avec la civilisation crois-
sante des nations dégagées de ces instincts per-
vers et destructeurs, l'esprit public sait frapper
maintenant là où l'appellent les besoins du pays,
considérant la paix comme indispensable à sa
gloire et à sa grandeur.

D'un autre côté, que ceux qui se complaisent à
considérer avec inquiétude et comme un mauvais
augure l'armement persistant du pays, se rassu-
rent et ne voient dans cette mesure qu'une indispensable imitation des autres contrées.

La France pouvait-elle rester sourde aux armements des nations voisines?

Évidemment non.

Elle eût fait preuve d'une imprudente indiffé-
rence en y restant insensible.

L'exemple d'une seule puissance a suffi pour
que toutes se croient successivement en devoir de
défense, et bref, armement général, sans pourtant
que les relations les plus amicales aient cessé un
seul instant d'unir entre eux les États européens.

Souhaitons qu'un accord unanime les désarme
bientôt tous, en les délivrant des pénibles dé-
penses d'une armée sur le pied de guerre.

Ne voyons donc là qu'une lourde charge pour

tous les pays, et non un nuage menaçant dans l'horizon politique.

Il est à désirer que cette pensée, la seule et unique que puisse inspirer raisonnablement un tel état de choses, soit celle de tous.

N'accordons pas plus d'importance qu'il ne convient à ces armements, qui disparaîtront comme une ombre, et que l'on aurait grand tort de prendre pour une dangereuse situation.

Une des conséquences de cet armement fut la création de la garde mobile, ce qui était devenu pour nous une obligation dans les circonstances actuelles; nous devions cette organisation à notre importance militaire, sans quoi nous eussions perdu peut-être de notre prestige, et notre place parmi les autres nations aurait cédé le pas à des forces supérieures aux nôtres.

Nous ne faillirons pas devant les exigences de la destinée.

Soyons donc confiants dans l'avenir.

Peut-il en être autrement à la vue de toutes ces splendeurs monumentales qui font de notre capitale la première cité du monde?

Nous admirons avec fierté ces chefs-d'œuvre artistiques, comme autant d'ostensibles témoignages de la richesse du dix-neuvième siècle !

C'est dans ces quartiers étouffés et malsains, où l'air pénétrait à peine, que se font admirer ces réformes de toute salubrité, dont l'aspect grandiose respire la sérénité et la paix.

Eh bien, ces progrès qui se manifestent à chaque pas, nous les rencontrons dans toutes les branches laborieuses de la société.

D'un autre côté, si nous jetons les yeux sur le paupérisme, nous acquérons la certitude de son réel affaiblissement, et cela grâce à la constante sollicitude impériale.

Il ne sera plus dit qu'un Français ait pu mourir d'inanition, sans qu'une main amie l'ait sauvé du trépas.

Ainsi s'exprime la flagrante réalité !

Ces branches de salut sont les nombreux établissements de secours, et la richesse compatissante aux infortunes de la misère.

Quand nous voyons notre auguste souveraine au chevet des cholériques, bravant jusqu'à la mort pour étendre sur les affligés le divin exercice de sa charité, plus encore les consolations d'une mère, le cœur s'échauffe et s'anime d'une bien naturelle admiration pour une telle abnégation, pour un si grand courage.

Oser s'exposer aux mortels dangers d'une semblable épidémie, n'est-ce pas mériter trois fois les acclamations unanime !

Ces actes de dévouement, que ne peuvent expliquer que les élans du cœur, ne sont-ils pas les plus beaux titres d'une souveraine à l'estime publique ?

J'en atteste tous les honnêtes gens; en est-il un seul qui puisse désavouer de tels bienfaits ?

Les faits parlent trop d'eux-mêmes pour accréditer les vains arguments qui tenteraient de les faire oublier.

Aux donations libérales, répondons par un digne sentiment de reconnaissance.

Aimons la liberté, mais la liberté s'appuyant sur des bases aussi solides que durables.

Il nous importe d'en user modérément, sans passions; car de son abus ne peut advenir que la ruine d'un peuple !

Sans cesse abrité sous l'aile bienfaitrice de la Providence, et toujours secondé par la nation soucieuse de voir progressivement s'affaiblir les difficultés du pouvoir, le souverain pourra continuer franchement dans la voie des libertés en développant les aspirations et les vœux de la France !

Paris.—Impr. Paul Dupont, rue J.-J.-Rousseau, 41 (Hôtel des Fermes) (1666. 4.70).